Seemond

BoD™

BOOKS on DEMAND

und dann
lachten wir den gleichen warmen Augenblick

Josef Ambrosch

Seemond

Wortgefühle

Bibliografische Information der Deutschen Nationalbibliothek:
Die Deutsche Nationalbibliothek verzeichnet diese Publikation in
der Deutschen Nationalbibliografie; detaillierte bibliografische
Daten sind im Internet über http://dnb.dnb.de abrufbar.

Herstellung und Verlag: BoD – Books on Demand,
Norderstedt

*ISBN: 978-3-***7460-6727-8**

Inhaltsverzeichnis

Einleitung

Vor ein paar Tagen auf der Couch, in meiner „Cloud"
von 1978 blätternd, zu der man damals noch Photoal-
bum sagte. Ich erinnerte mich dabei an mich, diesen
unfertigen und verrückten 17jährigen, dem nichts
unmöglich schien, der mit Träumen und Wunschbal-
lons in der Seele mit den Beinen am Boden aber mit
dem Kopf meist zwischen den Wolken war, um das zu
finden was es unten nicht gab.

Bei diesem an mich erinnern konnte ich mich nicht
mehr finden, musste mich selbst wieder suchen. Wo
war ich verschwunden?

Das Leben formte mich nach seinem Muster, das Kind,
der Junge, ja der Spinner, der nie so recht erwachsen
werden wollte, machte dem Mann Platz. Dem Mann,
der Erwartungen erfüllte, Vernünftiges getan hat,
Träume für später vorsah und Gefühl in sich trug, das
zu falscher Zeit, unter falschen Bedingungen glänzte
und zum bleiben einlud.

Der tanzende Junge auf dem Bild, nicht fragend wa-
rum er tanzt, dass bei ihm zwei Welten aufeinander-
treffen, keinen Grund für Glück haben zu müssen, ist
nicht mehr.

Als ich die Suche nach mir intensivierte fand ich ihn, diesen wertvollen Kern in mir. Er hatte Gestalt und Form verändert. Anstatt Verrücktheit und Unbekümmertheit übernahmen Gefühl, Herz und Lust die Plätze. Lust auf Leben, Lust auf Gefühl, Lust zu lieben und geliebt zu werden. Mir wurde wieder bewusst, dass mein Mund noch immer die Wolken schmeckte, auch wenn die Abdrücke am Boden jetzt etwas tiefer waren. Ich schreibe Verse, lese und liebe Gedichte, schreibe an meinem ersten Buch und vor allem bin ich im Herz und im Kopf frei, für alles was das Leben noch für mich bereithält. Der Mann, der Junge auf dem Photo tanzt wieder, mehr denn je ...

Meine Gedanken

Die dich immer besuchen

Würden dir gerne

Die Geschichte meiner Gedanken

Die dich immer besuchen

Erzählen

Doch sie suchen noch

Dich und die Geschichte

Und schreiben sie langsam

Unter meiner Haut auf

Wortgefühle

Die ersten geschriebenen Worte von dir

Waren wie eine Flaschenpost

Aus früherer Zeit, in der mein Herz

Noch auf offenem Meer war

Und einen Hafen suchte.

Ich war auf der Suche nach nichts

Nicht mal nach mir selbst.

Buchstaben begegneten mir

Wohlig vertraut, nicht vor der Haut bleibend.

Eingerahmt vom kühlen Grau des Tablets

Wie mit Buntstiften in Wortfarben geschrieben.

Sie liessen vergessen

Vergessen dieses Nichts!

Buchstaben, eingefärbt mit Gedanken

Unsichtbar per Knopfdruck zum anderen Ende.

Die Angst, dass du nicht mehr antwortest

Ist nicht nichts, es ist Leben, gefühltes.

Meine buntesten Gedanken

Zeichnest du mit einem Lächeln

In Schwarz-Weiss

Federleicht mit schwungvollen Buchstaben

Noch farbiger als ich denken kann.

an dich denken

dich nicht hören

dich nicht sehen

dich nicht spüren

und doch berührst

du mich beim fühlen

ich denk an dich

Mit dir schreiben.

Jeden Buchstaben zeichnen,

Bögen liebevoll ziehen.

Zeichen setzen,

In den Absätzen dir Zeit lassen

Mich wieder zu finden.

Zwischen den Zeilen

Deine Gefühle fotografieren

Und mit meinen mischen.

Nur, bitte lasse uns nie

Ein Ende finden.

Hinter Sätze schauen,

weil man den Weg der Worte dorthin

vergessen hat.

Den Film, den das Leben ohne Pause spielt,

kurz anhalten und nachdenken.

Sich die Illusion bewahren,

dass meine Sandburg die

Wellen übersteht.

Als dein WhatsApp

„Ich will Dich real sehen" schrieb,

hattest du mich längst berührt.

Signale dieser Tiefe,

in der ich bisher „kein Netz" hatte.

Gedanken, die zuhause sind,

dabei treffen sie gerade deine.

Sich berührende Gefühle,

die sich streichelnd ihr Fühlen erzählen.

Kleine Wassertropfen,

die im Gefühlsmeer baden,

deren gleichmässige Wellen

zu Augen-Blicken werden.

Manchmal findet jemand

deine Erinnerung und bringt sie

dir zurück.

Der Augenblick

der zur Seelenreise wird,

weil wir beim Blick in unsere Augen

uns öffnen

wie das erste Kapitel eines Buches.

Deine Blicke und deine Gesten

streichelten meine Sätze.

Sie wurden zu einem Augenblick

mit einer Umarmung des Verstehens.

Ich atmete den Duft deiner Sprache ein.

Beim ersten begegnen,

sich auf Begegnung freuen.

Begegnung und dieses sich darin begegnen,

das sich nie genügen darf.

Hunger nach dir, der nie satt macht.

Gedanken, die gehen

um den Gefühlen Platz zu machen.

Dabei manche Wahrheit zerbrechen und

Neugierde wie Sommerregen

auf deiner Haut prickeln lassen.

Das sind die stillsten und ehrlichsten Gedanken,

diese gefühlten …

das Fühlen fühlen lassen.

Der Kuss auf deinen grossen Zeh

beim zweiten Treffen

war der erste Kuss von mir,

der dein Herz berührte.

Gefühle

auf und ab

d'runter und d'rüber

oben und unten

links und rechts

mit und ohne

oh ja, ich lebte alle

jetzt kommst du

und gehst mir durch und durch.

Wenn die Abendgedanken

die Nacht nicht finden.

Wenn der Morgen

die Nacht überholt.

Dann denkt oft das Herz schneller

als der Kopf fühlen kann.

Unser Ort

wo Anfang und Ende

war und sein wird.

Unser Ort

den wir gefunden, bezogen

und knallbunt ausgemalt haben.

Unser Ort

an dem wir zusammenkommen

und die Welt zur Heimat wird.

Unser Ort

der uns zum Uns machte,

weil er uns Uns sein liess.

bei und mit dir

fraglos, wortlos sein

antwortlos glücklich

und zweifellos liebend

sich fallenlassen und

der Welle vertrauen,

die ans neue Ufer trägt

nichts erwarten, wünschen,

fordern oder wollen

einfach weiterleben ... neu erleben

Du zeichnest fingerspitzenzart

Gefühlsmuster in mein Herz,

wild durcheinander und planlos.

Ordnung, die glücklich macht.

Gefühlen Worte zu geben

braucht keine Worte!

Wir leben in zwei Welten,

doch wir schauen auf den gleichen Mond.

Wir lieben durch uns in uns,

doch wir leben in zwei Welten.

Leere überall,

die voll ist

mit dir.

Früher von oben nach unten,

von rechts nach links das Fühlen.

Der Mut zum Reden fehlte.

Heute von oben nach unten,

von rechts nach links das Reden.

Der Mut zum Fühlen fehlt.

Gedanken, die vorauslaufen,

den Gefühlen davon,

sind wie Träume,

die sich beim Aufwachen schlafen legen.

Wenn wir uns am tiefsten lieben,

entfernen wir uns am weitesten voneinander.

Angst, dass wir bleiben wo wir nicht sein dürfen.

Wo sich unsere Augen treffen

lässt du mein Herz Worte finden

und meinen Mund schweigen.

Du holst mich ein,

einfach so und immer wieder.

Du holst mich ein,

in Gedanken, Träumen und Gefühlen.

Du holst mich ein,

im Glück, im Kummer und im Sein.

Du holst mich ein,

am Tag, bei Nacht und was bleibt.

Du holst mich ein,

obwohl ich laufe, renne und fliege.

Du holst mich ein,

nur bitte überhole mich nicht!

Das Lied der Regentropfen an der Fensterscheibe

Meine Seele summt es leise mit

Öffnet mit leisen Tönen mein Fenster zum ich

Nimmt mich mit

Innehalten, träumen und loslassen

Sehnsucht nach Regen auf der Haut

Sonne, die sie trocknet

Nur lauschen, achtsam dem Flügelschlag meiner

Gefühlsgedanken

Nur sein, sein wie ich bin

Da wo deine Angst sitzt

Ist meist auch der Ausgang

Buchstaben, Worte und Sätze,

Glied für Glied zur Kette im Tag.

Manche tragen Gift in sich,

andere verführen.

Die bedachten und gewählten

können heilen und lindern,

Worte … so einfach, einfach …

jagen was nicht jagbar

halten was nicht haltbar

messen was nicht messbar

der Sinn unserer Uhren, ... unfassbar

du fehlst mir

wenn du mir fehlst

wenn du da bist

fehlt mir dieses fehlen

viel reden

fragen vergessen

beim erinnern

kein fragen

mehr haben

um zu antworten

Spuren,

die man auf dem

Raureif meiner Seele

noch ahnen kann …

den Sinn eines Kapitels,

das vom Leben geschrieben,

nicht gleich erkennen,

weil es unleserlich schreibt …

aus dem Fenster blicken

dabei in mich schauen

und den Seelenmüll

vor die Türe stellen …

Jetzt, meine Kindheit in Händen haltend,
rinnt Sandkorn für Sandkorn durch meine Finger.
Übrig bleiben die wertvollsten …
jene, die zwischen den Zehen
beim Gehen reiben.

Mich manchmal verstecken,
um den Jungen in mir zu fühlen.
Momente, die erwachsen sind.

An der Art wie ich zu entscheiden vermag,
erfahre ich oft,
ob mein Leben mir gehört.

Meine Spuren wiederfinden
und nur das Kostbare
behalten dürfen
aus den Träumen der Nacht.

Liebe ist

ist Liebe

Liebe ist

... nur

Als Kind vom Leben ahnungslos,

aber wissend wer ich bin,

heute Ahnung vom Leben

und mir manchmal fremd.

Meine Identität finden,

bedeutet sie zu suchen.

Doch was suche ich,

wenn ich es noch nie fand?

Wenn ich sie finden würde,

was sollte ich noch suchen?

Fragen, die verloren im Raum suchen …

Du kannst nicht bleiben,

wenn man dir zu nahe kommt.

Du kannst nicht kommen,

wenn man sich zu weit entfernt.

Berechnung der Distanz,

lässt Gefühl zur Formel werden.

Fliehen,

weil du fühlst,

dass du bleiben willst

...... Leerlauf

Dieses Stück Niemandsland

zwischen Realität und Liebe,

unkontrollierbar vor dir liegend.

Gehen oder bleiben,

du nimmst dein Leben immer mit.

Dieses kleine bisschen mehr,

von dem es immer

ein kleines bisschen zu wenig ist.

Für mehr zu wenig.

Erste kleine Unwahrheit,

die zur großen Lüge wurde,

in der ich das uns verpackte.

Ich bezahlte mit deiner Liebe,

die jetzt verdorben unlebbar ist.

Um dir nicht weh zu tun

schwieg ich oft laut.

Damit fügte ich dir die stärksten Schmerzen zu,

die du leise ertragen hast.

Und immer wieder

frage ich mich,

warum ich auf deine Fragen

keine Antworten mehr finde.

Alles was ich entdecke ist fragloses Schweigen ...

Endlos Zeit für später haben!

Lose Enden, in die das Leben

irgendwann endgültig

einen Knoten macht.

Wachliegen, weil Gedanken aufstehen,

die nicht schlafen können

und traumwandelnd im Kopf tanzen.

Gefühle füreinander leben
ist wie barfuss über
Sommerwiesen laufen.
Man spürt den Boden
und muss behutsam sein
nichts zu erdrücken.

Mich suchend fand ich dich.
Wir verloren uns beide im finden,
nach dem was wir suchten.

Wir, das wir beide sind,
wäre ohne dich oder mich
nicht möglich.
Jedoch ohne dich,
wäre mein ich
ein anderes als im wir.

Sich kindisch freuen können

und sich dabei kaputtlachen,

verschlucken Mauern und Masken im Alltag!

Wo blieb der Ursprung?

Wann verschwand das Kind?

Als ich mich an mich erinnerte

und mich suchen musste...

du schweigst

unser fühlen

leiser

als ich

Mit geschlossenen Augen

deine Worte spüren,

die gesagten zum Abschied.

Dinge, die meine Augen nicht sehen,

mein Herz aber spürt.

Gefühl in der Zeit

des Vergehens und Schweigens,

es darf ruhig

da sein.

Blasse Farbenspiele,

Leichtigkeit atmend.

So wie alles,

was wir ziehen lassen ...

Graue Tage schreiben oft

die buntesten Farben.

Sie hinterlassen Bilder in uns,

vom Leben seelenzart

ins Herz gezeichnet.

Selbstverständlich

war unsere Begegnung.

Selbstverständlich

war es Liebe.

Selbstverständlich

wurden unsere Begegnungen im Alltag.

Selbstverständlich

wurde unsere Liebe.

Selbstverständlich liebten wir uns

mal ...

Nichts oder Alles?

Was, wenn Nichts Alles ist?

Ist dann Alles Nichts?

Alles oder Nichts

oft das ein und dasselbe!

Ungesagte Dinge

lassen uns hören

was wir nicht sehen wollen.

Ungesagt, fühlen lassen ohne Worte!

Das Leben aufräumen

und dann unaufgeräumt darin leben.

Weil man

in der Ordnung verbogen wird.

Leise Sommerregentropfen auf der Wiese

unter ihm wollte ich noch mit dir tanzen

der Regen kam ...

zu spät.

Ein kleiner Augenblick,

der grosse Wirkung hat,

weil er dir zeigt,

wie gross das Kleine ist.

Gefühlswellen für dich
mit Händen auf den See treiben.
Weg von mir, vergessen können!

Später, die andere Seeseite,
sie tanzen wieder,
Schaumkronen an der Oberfläche.
Intensiver, wilder, fordernder
als jemals zuvor
haben sie mich wieder.
Oder ist es nur Treibgut,
von dem ich mir wünschte,
ich kann dich wieder fassen?

Eigene stille Momente wortlos und laut,
auf meinen inneren Grund sinkend.
Mir dort mein ich verstehend erklären …

Über den Tod nachdenken,

lässt über das Leben vordenken.

Vorher oder nachher, zu früh oder zu spät,

der Moment lebt immer bevor er stirbt.

So wie manche Bücher in uns lesen,

nachdem wir sie zugeklappt haben,

schreibst du unsere Geschichte in mir,

wenn du weit entfernt bist.

dieses dich lieben

lieben dieses dich

dich dieses lieben

mit dir lieben

aber auch ohne dich

dich lieben

Wenn der Kopf mit dem Herzen denkt,

fühlt das Herz Gedanken im Kopf.

Gefühltes Denken,

Chaos im Kopf, Ordnung im Herzen ...

Die gelebten Fehler beim lieben

machten mich für dich zum Fehler.

Ein Fehler, dessen Fehler dir fehlen

... sagst du heute.

Dich mehrmals zu verlieren

um dich zu finden,

machte es nicht leichter,

wiegt aber jetzt umso schwerer.

Einsames Gefühl,

heimatlos und suchend

auf den Gefühlswellen

auf und ab trudelnd,

wird zum Gefühlssturm,

den Hafen suchend.

Seelenstrand,

dort wo Anfang und Ende

der Verletzlichkeit liegen,

barfuss dein Leben fühlen

und dich verstehend lieben lernen.

Als wir uns fremd waren

liebten wir uns.

Als wir uns liebten

lernten wir uns kennen.

Als wir uns kannten

wurden wir Freunde.

Als wir Freunde waren

suchten wir das Fremde ...

und fanden uns.

Liebe zulassen,

um zu lieben was immer liebte.

Leben zulassen,

um zu leben was immer liebte.

Gefühl zulassen,

um zu fühlen was immer liebte.

Zulassen, um das Liebste im Leben zu fühlen,

das Platz für dieses kleine bisschen

mehr fühlen lässt.

Dieses kleine bisschen mehr fühlen,

das es so schwer macht, ein kleines bisschen

weniger zu lieben.

Ein kleines bisschen weniger, ist oft dieses

kleine bisschen mehr an Liebe.

es gibt dich ja

also fehlst du mir nicht

ich liebe dich

also erwarte ich nicht

mich gibt es ja

also fehle ich dir nicht

da ich nichts erwarte

ist lieben leicht!

Beifahrer in deinem Gefühl,

ist Autoscooter fahren in echt.

Vollgas gegen das Vernünftige

und Zusammenstösse verschiedener Meinungen.

Der Gummiring aus Verständnis,

der uns vor Verletzungen schützt,

und Glück bis oben zur Drahtspitze,

die unsere Liebe antreibt.

Immer nur eine Hand frei

dich im Arm zu halten,

weil die zweite immer

einen Chip in der Hosentasche sucht,

damit es ein für immer und eine Fahrt wird.

Endloskurven bis ans Ende.

Seitdem es nicht mir

sondern ich ihm passiere

hat das Leben Lust

auf mich.

Nicht wollen, keinen Willen besitzen.

Nein zu sagen, wäre jetzt der Moment.

Doch mit jeder Dosis des süssen Giftes

Verblassen Grenzen, legst du Hemmungen ab.

Trinken, gierig und verlangend

Schluck für Schluck

Den Stoff, der Liebe heisst,

Bis zum Herzrausch!

Träume lassen hungrig aufwachen.

Trotzdem will ich meine Träume.

Lieber manchmal hungern,

Um mich an Sehnsucht satt zu fühlen.

Der immerwährende Traum

Die Welt wäre da stehen geblieben

Wo ich mir selbst genügte.

Lebensgedanken

Menschen meinen

Ich sei von der falschen Seite gekommen

Denn das ist die letzte Seite des Buches

Für mich die richtige ...

Weil ich die erste nicht geschrieben habe.